AF303930

Jeton Kelmendi wurde 1978 in der Stadt Peja im Kosovo geboren. Er studierte an der Universität von Pristina mit dem B.A. in Massenkommunikation und an der Freien Universität mit einem M.A. in Diplomatie und anschließender Promotion. Er arbeitet als Professor am AAB University College. Seit vielen Jahren schreibt er Gedichte, Prosa, Essays und Kurzgeschichten und veröffentlicht regelmäßig Zeitungsartikel über kulturelle und politische Themen. Jeton Kelmendi wurde im Kosova zuerst 1999 bekannt durch die Veröffentlichung seines ersten Buches mit dem Titel *Das Jahrhundert der Versprechen* (*Shekulli i Premtimeve*. Seine Gedichte wurden in mehr als siebenunddreißig Sprachen übersetzt und in mehreren internationalen Literaturanthologien veröffentlicht. Er ist der meistübersetzte albanische Dichter und nach Ansicht zahlreicher Literaturkritiker der wahre Vertreter der modernen albanischen Poesie. Internationale Kritiker und Dichter betrachten ihn als großen europäischen Dichter.

Jeton Kelmendi

Übersetzung aus dem Englischen:
Gino Leineweber

Irgendwo im Nirgendwo

Gedichtband

Verlag Expeditionen

Jeton Kelmendi
Liebe findet sich überall
Gedichtband

Übersetzung aus dem Englischen
Gino Leineweber

Cover Photo Martins Vanags, Riga, Lettland
Cover Design eyedentities.de
Printed in Germany
ISBN 978-3-947911-90-5

Jeton Kelmendi

Übersetzung aus dem Englischen:
Gino Leineweber

Irgendwo im Nirgendwo

Gedichtband

Die Gedichte in Jeton Kelmendis Gedichtband, der hier erstmalig in deutscher Übersetzung vorliegt, können wie ein Reisebericht gelesen werden. Einer poetischen Reise durch die Zeit im inneren Selbst des Dichters erlebt. Die häufig surrealistischen Beschreibungen geben dem Leser einen großen Freiraum für seine eigene Imagination und stellen die Zeit nicht selten dadaistisch dar, wie in dem Gedicht *Am Anfang Meines Selbst,* in dem es zuerst heißt:

Wahrheiten lassen Träume verblassen / und
    den Sinn Sinn verlieren

und später:

Es muss die Zeit der unwahren Wahrheit / der stummen Worte gewesen sein

Jeton Kelmendi variiert sein Thema mit hintersinnigen Vergleichen oder paradoxen Verhältnissen.

Er führt uns an Hindernisse, die zum Mit- und Zu-Ende-Denken zwingen

In *Wie sie es eines Nachts wollte* beobachtet der Dichter mit wartendem, lauerndem, Blick:

–Nimm mich aus der Poesie
Ich fühle mich beengt– sagte sie
–hier zwischen Kommas–

Dem Ende haftet dann etwas raubtierhaft-selbst-
zerstörerisches an:

Dann steige ich auf
zum Feuer
wo ich für dich verbrenne

Jeton Kelmendi findet in seinen Gedichten einen
eigenen Ton, der ihn leicht erkennbar macht.
Er trifft eine auf poetische Bilder herauskristalli-
sierte Lyrik und kontrastiert im Gegensätzli-
chen, mit dem er sich selbst, die Zeit und das Le-
ben in Frage stellt.
In dem Gedicht *An den Ausgängen klopfen* heißt es
zunächst:

Jetzt klopft es am Ausgang der Eingänge
und wie üblich
gibt es ein Dilemma
Wir essen und wir trinken
die Vergangenheit des heutigen Tages

um dann später zu konstatieren:

Die schwarze Nacht fiel auf einen Sonntag
Wir sahen nichts mehr
weder das Ereignis noch die Erzählung
Auch nicht wer uns gesehen hat
Alles nahm sein Verschwinden mit sich

Solche Verse lesen sich als konzentrierte Ergebnisse eines fortlaufenden Prozesses der Selbst- und Weltbefragung. Alltägliche Wendungen werden mit gewitzter Intonation zu griffigen poetischen und lassen sie bedeutend erscheinen, wie in *Freundschaft in der Pandemie*:
Die Tage verbringen wir / ohne jeden Ausgang / mit Gedanken und ein paar Worten.
In Kelmendis Gedichten gibt es weder Ideologie noch Moral, sondern nur Beobachtungen, die leicht, teilweise lakonisch daherkommen, wie ganz am Ende, als es heißt:

Du – meine Zeit –
sag niemandem
dass das Leben ein Trick ist

Der Dichter schreibt auch über sich, und man kann sich bei jedem Gedicht fragen, wie weit persönliche Erfahrungen in seine lyrischen Gedanken eingedrungen sind.

Gefällig sind seine Gedichte nicht immer, obwohl immer wieder schöngefärbte Bilder als lyrischer Kontrapunkt erscheinen.

Es gibt allerdings viele Zwischenräume, die vom Leser selbst aufgefüllt werden müssen. Das macht den besonderen Reiz von Jeton Kelmendis Lyrik aus.

Gino Leineweber
September 2023

KEINE ANDERE ZEIT

Ich reise durch die Zeit
folge den Pfaden der Phantasie
bin voller Wünsche in meinen Gedanken
doch finde keine Tür in eine andere Zeit
in der ich ein bisschen besser lieben
und länger bleiben könnte

Wäre ich ein Nordwind
würde ich über Täler und Gipfel wehen
würde Eichen und Plis-Hüte biegen
diese Zeit in eine andere verwandeln
die Türen zur Hoffnung öffnen
wäre voller Erwartung auf eine bessere Zeit

Wäre ich ein Sonnenstrahl
läge ich über den hübschesten Köpfen der Stadt
würde mit wohliger Wärme
und zwinkernden Augen der Liebe
durch zerzaustes Haar fahren
Aber ich kann es nicht

Wäre ich derjenige der ich nicht bin
Würde ich in eine andere Zeit gehen
Der letzte Brief des Vergessens
ist nicht für die Gegenwart bestimmt
Er wird wie eine Wertsache aufbewahrt
Nicht wie das Essen für ein Festmahl

AM ANFANG MEINES SELBST

Ich saß wartend
auf meinen Erinnerungen
bis alles bedacht war
Dann wartete ich von neuem

Wahrheiten lassen Träume verblassen
und den Sinn Sinn verlieren
Die Zeit sagt sie sei aus der Zeit des Teufels
die das Böse stärkt
Glaube zum Unglauben
sowie Hoffnungen und Wünsche
zur Illusion werden lässt

Es muss die Zeit der unwahren Wahrheit
der stummen Worte gewesen sein
Ich bin es der aus der Erinnerung
die im Gedächtnis schlief wieder erwachte
Sah die Zeit in ihrem Lauf
die Zukunft in Krümel verwandeln
Übte mich in Geduld

Ich kann nicht lustvoll hinter mir herlaufen
Muss damit aufhören und solange ruhen
bis die unvorstellbaren Jahreszeiten
vom Laufen müde werden

Als alles ruhte
bin ich aufgewacht
In einem Bett
in einer späten Herbstnacht

Der Mond überflutete
die Gedanken des Morgens
Liebe wurde zu einem Fluss
in dem wir bis zur Ekstase schwammen

Jetzt warte ich und schaue
Es ist wie damals in jener Nacht
als ich am Anfang meiner selbst saß
und mit Worten kämpfte um wach zu bleiben

ETWAS SAGEN

Aus meinem Mund kommen Worte
von Gedanken aus meiner Seele
Mal scheint es
sie kämen aus einer anderen Welt

Viele von ihnen sind kaum verständlich
Ihre Sprache ist
unausgesprochen und ungeschrieben
Doch ist sie irgendwo zwischen dir und mir

Während alle Sprachen
ein eigenes Alphabet haben
beginnt unsere mit unserem Unvermögen
neue Anfänge zu verstehen

Die Zeit ist eine Insel
von Zeitlosigkeit bewohnt
von einer Gruppe wortloser Worte gefolgt
die denen Zeit gibt die keine haben

Ich verstecke mich vor mir selbst
damit mein Hören nicht sieht
und mein Sehen nicht hört
wie es mit anderen Dingen geschieht

Es ist gut
unausgesprochene Sprachen zu kennen
die zeitlos sind wie das was wir
an bedeutungslosen Bedeutungen sprechen

Die meiner Fremdheit entsprechen
und nichts sonst
Lasse dieses Spiel
Regeln haben

Nachher wird dann
wer auch immer
der die Ergebnisse hört wissen
einer hat gewonnen und einer verloren

I

Erstens
Eine schmale Straße
Kaum mich zu halten
Es mit mir zu schaffen
Dann weiter gehen
bis dorthin
wo ich abgebogen war
Wo der Sinn beginnt

Im Chaos
als ich eines Tages begann
Traumlandschaften zu sehen
erschienen meine Träume
Sie brachten mich zur Schule
Die Führung des Lehrers
wird mich bis ins Jenseits tragen
wo es Bedeutungen im Überfluss gibt

Das Leben hat seine eigenen Wünsche
Die Liebe auch
Wenn auch endlos

Wir wissen nach dem Erwachen des Lichts
ist nichts vorhersehbar
Auch nicht das Schicksal dieser Reise

II

Nachdem du irgendwo
die ersten Schritte
der Reise deines Lebens kreuzt
beginnt das eigene Schicksal
Dankbarkeit zu erlangen
die sich im Mut
für die kommenden Tage ausdrückt

Für das weitblickende Auge
den ausdrucksvollen Glauben
dass es Wahrheit gibt
Man braucht den Mut
zu glauben ich hätte mich
in die besetzte Heimat begeben
um mein Leiden zu beenden

In diesen wachen Träumereien
mit fast erloschenen Sonnenuntergängen
begann einfach eines Tages
der Krieg im Kosovo

Sie sagten
–Von nun an ist die Unschuld schuldig–
tauften den Tod
mit ihren Namen
und die Freiheit
mit ihren Nachnamen

III

Ich habe getan
was ich getan habe
und habe mich hierher gebracht

Jetzt habe ich alle Zeit der Welt
um mit mir selbst fertig zu werden
um mich
durch die Zeit zu schleppen

Mach was du willst
aber vergiss nicht
die langen Wege
auf der faltigen Stirn
der Geschichte

KAVALIER

I

Bis heute trug ich
auf meinen Schultern
Angst und Mut

Aufbewahrt
in niemandes Zeit
ohne Takt mit schwierigen Reisen
tapfer im Angesicht der Angst

Wie weit kann man den Glauben tragen
dem man nicht trauen kann?
Weder dem an die Menschen
noch dem an die Reisen
der kommenden Tage
in ungewisser Liebe

Nun denn Liebe
saftiger reifer Apfel
der in der menschlichen Seele
verborgen wurde
und im Vorübergehen
den Geschmack
des Schmerzes Geist beschreibt

II

In meinem Herzen trage ich
Freuden und Sorgen des Lebens
Möglichkeiten und Unmöglichkeiten
Gedanken und Absichten

Alles vernünftig und ich
erwarte genaue Ankünfte
trotz chaotischer Ereignisse
die kommen und gehen
Vorhersagen über eine andere Zeit
sollen nicht verborgen bleiben

Man benötigt Mut
um an die Liebe zu glauben

An den Wänden vergangener Zeiten
bestimmen Richtungen
eine Straße die länger ist
als der Wechsel einer Jahreszeit
in eine andere zwielichtige
der Jahre meines Lebens

III

Meine Liebe zu dir
trug ich in meinem Geist
Das Ende ist endlos für den
der die Schritte des Aufbruchs verwechselt

Dem wird die Flucht folgen
die Richtungen in zwei Hälften zu teilen
und zu verstehen dass
das Leben sich bewegt
wie der Wind

Irgendwo gibt es einen Trick
der Träume überlisten kann
Doch der ist womöglich nicht real

Wie in meinen schönen Geschichten
geht das Spiel
ohne Rücksicht auf die Ereignisse
die uns mit der Welt verbinden weiter
Oder des Glaubens vom Mut
jenseits der Angst
und furchterregendster Tapferkeit

Ich bin irgendwo
und lebe irgendwie
jenseits der Erinnerung
in unausgesprochener Geduld

Ich wohne irgendwo
am Ende des Selbst
Dort wo der Sinn mich erkennt
bin ich glücklich

Ich befinde mich
in meinem Kummer
den ich nicht erwartet habe
Nicht einmal im Traum

Ich sehe mir die Zeit aus den Händen gleiten
und war durchdrungen davon
dass meine Abwesenheit nicht existiert
sodass ich mich überall finden könnte

Ich habe keine Skrupel mehr
Du hast alle Spuren mitgenommen
Da ich keine Fragen habe reicht es
mich an deinen Namen zu erinnern

BEVOR ICH SCHREIBE

Ich brauche
keine menschlichen Schönheiten
keine Frauen
deren Augen
Geist und Seele schmücken
Poesie ist keine Kunst
wenn sie nicht über
das Ende der Kraft geschrieben wird

Wie kann ich mich
ein Dichter nennen?

Ich kann lebendige Träumereien
auch wenn sie die schönsten sind
nicht mit Worten messen
wie diesen die darauf warten
geschrieben zu werden

Die aus Ideen fließen
wie das Leben
mit ausgewählten Worten
bisher ungeschrieben

Gedanken so groß
wie die Stille
geben den Ereignissen
einen Sinn dieses Schreiben für dich

Für mein Gedicht
Für deine neue Einstellung

Was für ein Anblick
Der Comer See
Hohe Gipfel dahinter

Die Sonne schenkt uns ihre Strahlen
Wir können uns
kaum durch das Balkonfenster sehen

Doch ich habe nichts anderes wahrgenommen
und begann Gedichte zu schreiben

Lass unsere erobernde Blicke los
auch dein Schreiben

Ich schrieb mir ein Ereignis
aus der Seele das mir der Neid aller zuflüsterte

Und wir begannen bergauf zu klettern
ohne ein Ende zu sehen

Ich verschloss den Worten nicht die Tür
–Wir können nirgendwo hin– sagten sie

Ich ließ sie eintreten
und sie wuchsen zu Sätzen und Phrasen

Das Schreiben hat tiefe Wurzeln
lässt sich nicht ungesagt lassen

Die Zeit führt die Zeit
und ich war ihr Ereignis
während dieses Gedicht entstand

Ich warte auf dich
jenseits meiner Möglichkeiten
irgendwo im Nirgendwo

Das Warten dauert
wenn Ankunft und Abreise
einen Sinn ergeben und angemessen sind

Ich treffe dich
auf den Seiten von Büchern
und hinter den Titeln vergessener Gedichte

Ich suche dich
in Gedanken wenn ich Leere spüre
Auf diese Weise belohnst du mein Warten

Wir gehen zusammen
durch unbekannte Straßen
die nur ich in meinen Träumen sehe

Deshalb warte ich auf dich
auch wenn es noch andere tun
bin ich es der wartet

Ich spreche nicht mehr über dich
meine Gedanken sind verbraucht
Es reicht

Genug all die Male
die ich darauf gewartet habe
dass du vorbeikommst

Der Sinn des Lebens ist
auf die Aussichten zuzugehen
einem Traum zu folgen
auf den ein jeder das Recht hat

Ein solches Geschöpf will
alles für sich selbst und sein eigenes Volk
auch wenn es nicht weiß
woher die Liebe kommt und wohin sie geht

Du kennst ihren Ursprung nicht
Sie ist ein Geheimnis
Verborgen wie die Lüfte in denen
die Zeit uns bis hierher gebracht hat

Wenn sie über die Liebe gesprochen haben
die Weisen
in Definitionen Theorien und auch Poesie
wussten sie dass es nicht sicher war

Es ist keine große Entdeckung
dass Liebe jeden Tag und jede Nacht
neu geboren wird
Und am Nachmittag nach Mitternacht

Einfach immer jederzeit überall

Aber wo lebt sie
Wann liebt sie das Leben
Wo kommt sie her?

Theorien werden von anderen überlagert
wie Jahreszeiten die aufeinander folgen
sowohl offensichtlich als auch obskur

Die Liebe wurde geschaffen
Von der nur
der Schöpfer allein weiß warum

Ich brauche keine großen Worte
Keine Lobpreisungen
Keine bunten Gedanken
Keine chaotischen Ideen
Das ist unwichtig
bis ich die Wahrheit erreiche

Wenn sie irgendeine Macht hätte
würde sie den Betrüger
nicht mit Wahrhaftigkeit reden lassen
Die Zeit macht es mit sich selbst aus
plätschert in der Erinnerung
in Teilen meines Seins

Ich denke an etwas Unbekanntes
mit Mut und schläfrigen Bedeutungen
Webe Wünsche mit Liebe
Die Quelle der Ereignisse
floss für Unbekanntes
was mir eine neue Entdeckung beschert

So ist der heutige Tag
eine Variante eines alten Tages
Jahreszeiten kommen und gehen
Sie weisen uns dabei
die Richtung zum Tod
Wohin wir reisen werden

Ich habe so viele Tode überwunden
nur weil ich dem Leben
als meinen längsten Traum vertraut habe

Ich habe meinen Gedanken
keine Brille aufgesetzt
um der Wahrheit ins Auge zu sehen

Ich habe wahnwitzig geglaubt
der Sinn würde mich sehen
Aber es ist nicht richtig
am Anfang nicht das Ende zu sehen

Vergangenheit und Gegenwart
treffen sich am Morgen
Außer der Schönheit
folgt alles andere sich selbst

Auch diese Offenbarung

SCHLECHTE ANGEWOHNHEIT

Das Heimatland ist erhaben
Man muss es nicht tadeln
Selbst die Bösen verfluchen es nicht

Wenn du deine Stimme erhebst
Solltest du auch
bis zum Schluss bleiben

Ich beginne mit Forderungen
Heimat kennt keine Zeiten
weder für meine Lieder
noch für ihre lebendigen Riten

Auf der Hochzeit der Freiheit
vergisst die Heimat sie
Es ist eine verwirrende Verwandtschaft

Das Heimatland ist erhaben
Man muss es nicht tadeln
Es hat keine schlechten Gewohnheiten

Wenn die Liebe den Gipfel besteigt
Verliert der Autor den Sinn
Er wird dann als Missverständnis
der Freiheit bezeichnet

Was ist wenn die Heimat nicht wächst?
Wenn zwischen den Generationen
der Geist dieses Volkes
sich nicht vollendet?

Was ist der Traum wert
wenn die Heimat
daran gewöhnt ist
die Reste zu vergessen?

DIE ZEIT EINHALTEN

Wenn du hier bist
kommt das Schicksal zu dir
klopft an deine Tür
sieht was du von dir verlangst
und beobachtet
welche Gelegenheiten kommen

Wenn sie fehlen
bist du verloren

Mach keine Reisen
Es sei denn sie führen dich
zum Schicksal
Du kennst die Welt nicht
Sie kümmert sich
auch nicht um dich

Wenn du hier bist
Kommt die Zeit
An dein Fenster
Du wachst von selbst auf

Bist selbst ein kleiner Timer
Sei pünktlich

I

Ich habe auf schwierigen Reisen
bis zu diesem erledigten Tag
Angst und auch Mut
auf meinen Schultern getragen

Mut von Angesicht zu Angesicht
verbunden mit der Angst
wie weit man Vertrauen übertragen kann

Auf die Menschen
die Reisen der kommenden Tage
mit ihren zu erwartenden Nöten

Wie man gelegentlich
in der menschlichen Seele
etwas wie Äpfel reifen liebt
was den Geschmack des Schmerzes
im Vorrübergehen erklärt

II

Im Herzen trage ich
Freud und Leid des Lebens
Gedanken und Ahnungen
vorhergesagte Messungen
für ein chaotisches Ereignis
und was sonst noch alles kommt

Vorhersagen werden
über das Wetter gemacht

Muss man mutig sein
An die Liebe zu glauben

Zeiten in das Buch der Zeiten schreiben
Zu einer längeren Reise aufbrechen
In Richtung einer Jahreszeit
Zu anderen Ereignissen
Zu anderen Zeiten meines Lebens

III

Meine Liebe zu dir
trug ich in meinem Geist

Das Ende ist endlos

Jeder der
die Schritte des Aufbruchs verwechselt
wird verfolgt
und in verschiedene
Richtungen getrieben werden
um zu verstehen
das Leben bewegt sich
so wie der Wind weht

Es gibt Tricks die den Traum täuschen
aber sie ergeben keine schönen Erzählungen

Das Spiel geht weiter
Mit den Ereignissen
die uns mit der Welt verbunden haben
und dem Glauben an den Mut
jenseits der Angst

Selbst die gefürchtetsten Organe
profitieren vom Leben
das nie
aber auch nie aufhören muss

EIN MENSCH

Einer ist er selbst aus sich selbst
Ein anderer aus einem anderen heraus
Das Selbst handelt wie das Selbst

Einer hat sich und andere für sich
Andere haben sich für andere
Gelobt sei das Selbst eines jeden

Ist in uns
ein bisher unbekanntes Selbst
das
falls es sich bis zum Tod nicht zeigt
uns
weder entfremdet noch verändert?

Es liegt an uns
gesegnet zu sterben

Mit Mut
dem Gefühl zu vertrauen
wird die Angst überwunden

Es ist der Mut zu glauben
das zu fühlen bedeutend ist
und man nicht an Liebe glauben kann
wenn der Verstand Vernunft verleiht

Der Mut bestimmt auch den Zeitpunkt
und überlässt nichts den Ereignissen
wenn glauben zu geschehen
am besten wäre

Dann würde dich niemand sehen
weil Du so wirkst
als wärest du
aus dir selbst ausgewandert

Der Mut an Gefühle zu glauben
kommt nicht aus der Angst
sondern aus der Kraft der Liebe
der Ursache für die Ereignisse

Die schönen Dinge
kommen nur aus dem Herzen

Schließe deine Augen, um zu hören
Betrachte dich selbst ein wenig
Bist du entfremdet?
Hast du dich verändert?
Lass dich nicht verunsichern
vom unbeständigen Leben

Wenn die Zeit Hoffnung hat
Kann ich Schicksal und Bestimmung
der guten Zeiten farbig beschreiben

Nach jeder Zeit kommt eine andere
Man kann seine Wünsche farbig markieren
um den Zeiten Zeit zu geben

Einer weiß wie man spricht
und einer weiß wie man zuhört
Alle anderen sind Zuschauer
erwarten nicht einbezogen zu werden

Der Sprecher zündet seine Aussagen
sagt was vorhanden ist und was nicht
Er schreitet fort von Wort zu Wort
bringt seine Gedanken zum Sprechen
Verliert sein Ziel nicht aus den Augen
wenn er wartet und Stille vermittelt
um die Augen des Hörens zu schließen

Das Hören hat seine eigene Sprache
Die Weisen sagten es lohne loszulassen
Wenn du gehst nimm dein Ziel mit dir
damit du keine Umwege machst
und auch unausgesprochene Worte hörst
Sei ein wenig mit der Zeit
und ein wenig mit dir selbst

Für die, die nicht spielen
ist das Vorspiel nichts anderes
als Theorien darüber zu praktizieren
dass einer geht oder einer kommt

ICH BIN ICH

Die Nebel des Lebens
haben mich überwältigt
Ich kann nicht länger Materie sein
Auch nicht eines Wesens
das einst irgendwo existierte

Zeit nahm mich an die Hand
Jahre der Auflösung
als das schlechte Essen
wie das schlechte Wetter auf mich fiel
Ich wollte der sein der alle übertrifft

Oh Jahreszeiten vergangener Erinnerungen
Ich bin weder Held noch Anführer
Auch nach all den Kriegen
und den Jahren der Freiheit
bin ich keiner von euch

Weder Stille noch Ruhe in den Ereignissen
Nur kleine Kratzer
Realität die niemals das Wahre freigibt
Worte verzeihen ihren eigenen Gedanken
Sagen nichts von fremder Ansicht

An den Kreuzungen des Lebens
wollte ich aufmerksamer Beobachter sein
Achtete auf die Straßen und bin wo ich jetzt bin
Ich fühle mich nicht unfrei
auch wenn ich nicht bin wo ich sein wollte

Es ist an der Zeit
zu sagen was ich sagen will
Ich hatte es früher erwartet
Doch der beste Moment ist jetzt
Ich sage das Leben lebt widerspenstig in mir
doch ich fühle mich friedlich und weise
Seltsam ist dass ich weiß warum

Es steht vor dem Sinn vor den Gedanken
vor Jahreszeiten und beobachtet das Wetter
als hätte man keine große Lust
Doch ich sage mir wünsche nichts anderes
Liebe dich nicht zu sehr

Das würde ich am Anfang formulieren
bevor ich zu den großen Gedanken komme
Sie werden mir sagen
das Leben lebt in uns
Deshalb denke gut darüber

Wo auch immer wir ankommen
wenn wir keine Freude an uns haben
müssen wir fragen wie es möglich war
ohne ein wenig von uns im anderen zu finden
vom ersehnten Staunen überflutet zu werden

Wenn die Zeit den Lebensmotor zündet
zeigt sich trügerische Vergangenheit
hinter den Erinnerungen versteckt
Manche sind schon vergessen
Meine Botschaft ist: Werde nicht alt!
Auch wenn du es tust geht alles weiter
Verliere keine Zeit

Zu welcher Zeit
wir welche Alpträume
erleben
während wir
wir selbst blieben

Mit der Zeit werden sie
auf uns schießen
Mit verlorenen Jahren
die wir selbst nicht sehen können
Die aber von anderen beobachtet werden

Wenn der Optimismus
im Gedächtnis verstummt
sehe keinen der zu einem wird
Deine beängstigenden Chroniken
– mein Land – erschrecken mich

Du bist nicht allein mit diesem Schmerz
der von einem Fluch kommt
In diesen Tagen wo wir
außerhalb der Zeit leben
haben wir für dich den Traum verspielt

FRÜH IM WACHZUSTAND DES SCHLAFES

Diesem Morgen traue ich nicht
Was kann ich über das Gestern sagen?
In all dem Dilemma – Traum
wecke mich auf
aus dem Schlaf des Erwachens

Tief wie ein Ozean
der Blick der Augen einer Sehnsucht
Du liebst Worte
Gehst mit ihrer Bedeutung
in die Mission Leben

An welcher Station
landet das Schicksal
Stille bildet den Sinn
Mut gibt ein wenig Hoffnung
die Macht der Gier zu kennen

Meine Gedanken
sind unwegsame Straßen
Mein Ego ebnet mir den Weg
um auf der Spitze
der Erinnerung zu sitzen

Am nächsten Tag fiel mir ein zu warten
Zur richtigen Zeit aufwachen
Quarantäne ist nur noch ein Verschluss

Die Zeit wird kommen
zu der du bereit bist
dich an die Spitze zu begeben
die Tür zu öffnen
Der Abend hat sich
auf dich vorbereitet
und wartet nun darauf
dich zu begrüßen

Du hast gesagt
–mache dich bereit zu einer Reise
bei der du
mit verständnisvoller Geduld
den anderen
die Angst haben
dir nachzugeben
Zeit Liebe und dein ganzes Selbst gibst

Gehorche den Regeln des Spiels
Schreibe unverhoffte Ereignisse auf
Fotografiere die Stille
Entferne den Anschein der Keuschheit
Sage die Wahrheit
und warte auf mich
Ich komme
um mitzuspielen

EINMAL GEWESEN

Es scheint mir so
als ob ich einmal gewesen wäre
Irgendwann im Mittelalter
oder im Altertum
Vielleicht gestern
oder ich habe das
irgendwo in den Büchern
der neuen archaischen Religionen gelesen

Ich mag die Stimmen
der Jahreszeiten die ich
in meinem Leben gehört habe
Die mir manchmal erscheinen
Und dann spuken sie in mir
zwischen Sein und Abwesenheit

Ich fühle
als ob ich einmal irgendwo war
Wo sagen sie mir nicht
Ich bin wach
Ich schlafe
Wenn ich schlafe
bin ich wach
Im Einst lebte ich

Im Heute bin ich nicht hier
Nicht in unserer Welt
die Zeit fühlt sich zu eng an
hier passiert es mir
dass ich irgendwo dort bin
und manchmal bist du irgendwo hier

Für mich
irgendwo
wo ich
nicht weiß
wo ich bin
ob ich bin

Mit Morgenritualen
betet ein Sonnenstrahl
wie ein zwitschernder Vogel
warm hell liebevoll
und fällt
in die Arme der Zeit

Trage mich von mir
bis dorthin wohin
die Ankommenden gehen
Mein liebes Ich
lasse mich fühlen
du wärest irgendwo

Ich höre weder
die Blicke des Frühlings
noch den Lärm der Stille
mit allen Dingen Darling
Siehst du mich irgendwo
Ruf mich an sag es mir

Als Theorien
von multiplen Praktiken
beginnen sich
Dilemmas aufzulösen
auf dieser langen
und quälenden Straße

Der Kompass
lenkt zur richtigen Adresse
Großer Wunsch
Zeit zu finden

Der Verstand
macht das Licht an
das mich erleuchtet
Sieht mich irgendwo sein

Einsamkeit und mich
Irgendwo zwischen
dir und mir
liebe ich

Warum bevölkert man den Geist mit Ideen?
Der Frühling kam nicht dieses Jahr
Tage wuchsen zu einem Jahr
Rundreisen Ankünfte Abwesenheiten überall

Wenn die Gelegenheit
dich beim Namen rief
hattest du mich
in Gedanken reden gehört

Wer lässt das Gras im Frühling wachsen
Ich freue mich auf diese Jahreszeit
warum ist jetzt die Vernunft
von Gedanken entvölkert

Das Spiel hat gerade erst begonnen
Du kennst alle Regeln
auf dem Terrain der Seele
Mein Schweigen stieg hinab zu deinem Blick

Das Ereignis traf dich
in seinem dahinfließen
Warum solltest du
und ich auch nicht fragen

Im Ereignis gibt es keine Wege
auf denen wir gehen können
Wie viele Wunder werden benötigt
unsere Liebe zu bevölkern?

Das Licht der Sonne
Die Stunden und Tage mit dir
Ich will nicht aufwachen
aus diesem Vor-Traum

WENN ICH MICH LANGWEILE

Eines Tages
wenn die Sehnsucht
meinen Kopf berauscht
werde ich nicht mehr warten

Die Pandemie oder Quarantäne
wird mich nicht länger erschrecken

Gedanken über den ganzen Horizont verstreut
gehen durch Tage der Nächte
durch Nächte der Tage
und durch mich hindurch

Und ich – ich zähle nur noch
die Wünsche

Eines Tages wenn ich von mir
selbst ausgewandert bin
suche mich nicht
in meinen Behausungen

Geh – schau dich irgendwo um
Die Welt ist geschrumpft

Meine Liebe ist leichter zu fangen
Sie will dich für mich selbst
Ich grabe meine Sehnsüchte
Und meine Wünsche für dich aus

Eines Tages wenn mein Gesicht blass wird
werde ich den Sommer am Strand
oder in Rugova allein verbringen
um gemeinsam ein Sonnenbad zu nehmen

Eines Tages wenn dein Gesicht
von meiner Abwesenheit erschüttert wird
werde ich die heutige Zeit aufschreiben
in einer anderen Zeit in unserer Liebe

Eines Nachts fällt die Stille in mein Gehör
Sprünge und Sprünge werden marschieren
In Ankünften von mir selbst heimgesucht
wirst du mich finden – nimm meine Schriften

Liebes – mach Dir keine Sorgen
In Zeiten der Pandemie finde ich uns dort
wohin wir für ein wenig illegale Liebe reisen

Illegal für das Virus

SPUR DES LEBENS

Wenn die Erinnerung aus dem Schlaf erwacht
knirschen die Zähne des Unausgesprochenen
wie das Damoklesschwert

Vielleicht kann die Liebe mir zum Erwachen
eine neue Einladung schicken

Ich werde auf den Spuren des Lebens wandeln
wenn es wahr ist dass wir irgendwo leben

Im Anfang war es wie ein Sonnenaufgang
als alles von uns ausging

Vielleicht war es meine Aufgabe
dich grenzenlos zu lieben

Ich glaube aber dass es auch deine war
Irgendwie so wie wenn Liebe wahr wird

Wenn die Vergesslichkeit in Lichtjahren reist
wird die Leere zwischen uns verweilen

Wir werden uns an die Kehle gehen
oder der wagt mehr zu wollen
irgendwo mutlos einsam sein

GEHE VORSICHTIG

Lieber Mensch
geh hinaus
begrüße meine Ankunft

In der Stille mit der Sprache der Vernunft
hat das Gedankengerüst
keine Wendungen

Das Leben heißt dich willkommen –
vermittelt dir die Schrift Gottes
die du morgen schreiben wirst

Wenn du dich noch
an Hoffnung erinnerst –
hoffe auf ein besseres Heute

Wenn die Realität ein Traum ist
wache zeitig auf gehe zu dir selbst
und an den Anfang zurück

Gehe vorsichtig
werfe deine Blicke voraus
und vergiss nicht die Regeln der Natur

Verwirre dich nicht
bis du
dein Ziel erreichst
Mit ein wenig mehr Sorgfalt
erinnere dich
die Reise dauerte Jahre bis zu uns

Um sie zu zählen
hier und dort
horche auf den Herzschlag des Jahrhunderts

Wir nähern uns einander
aber wir sind
wo wir sind

Der Frühling
folgt dem Winter
und geht auf den Sommer zu

Gefallen dir die Worte
für den morgigen Tag
für das Leben das nach Freude strebt

Sag mir noch ein Wort
einen guten Gedanken
für die Ohren des Himmels

Die Stimme der Liebe
atmet Lieder mit Rhythmen
Hast du sie nicht gehört um mir zu antworten?

Nicht ungeboren gealtert
bin ich
oder verzögert von der Vergangenheit

Mein Schatten schaut mich an
Ich spreche von denen
die heute Abend zu mir geworden sind

Und sich doch nicht verstehen

Ich fragte dich nach Daten
des historischen Kalenders
von markierten Ereignissen in der Welt
wo ich geträumt von dir
wo wir zuerst Mittagsschlaf gehalten haben

Ich stelle mir
einen Goldschimmer vor
der die Lebenszeichen begehrt
während sich Licht und Dunkel
vor den Augen der Zeit lieben

Zum Horizont gehen
ist die erste Sehnsucht des Kindes
die uns in den Lebensrhythmus zwingt
wie mein Name den ich höre
damit er im Gedächtnis bleibt

Auf den Feldern des Vergessens
in den Ecken der Welt
suchen wir Dinge
die in der Isolation bewahrt werden
die das Leben umgibt

VERSTAND

Manchmal bringt er mich dorthin
zu dir
Manchmal bringt er mich zurück
wenn ich an dich denke
Wie bei dem das Ereignis eben
heute morgen übermorgen
So viele Male wie möglich
und denke dann an deine stille Rede

Ich bin für die Erwartungen bereit
Mit Worten und Taten
Du bist immer da
auch wenn du dich vergessen wolltest
Meine Gedanken wandern
in die Heimat
Doch hierher kommen sie zurück
Nach Budapest zu dir – mein Europäer

Und ich möchte dass du weißt
dass ich mich Zeit genannt habe
nur und nur
um dich zu treffen
und du findest mich
wenn du Zeit hast
in der Nähe
wenn das Spiel beginnt

Ich will lange Gedanken kürzen
um schöne Träume zu vertreiben
Ich möchte mit dir unsichtbar am Horizont sein
um dir die Zukunft zu zeigen

Land warum machst du kein Platz
für mich an diesem Tag?
Warum kannst du nicht zuhören?
Ich will ein bisschen wütend auf dich sein

Ich hatte dich perfekt
aus Träumen erschaffen
Lieben konnte ich
dich nie genug

Heimatland
Ich denke nicht mehr
wie früher
als ich jung war

Heimat ist erhaben
kein Grund für mich
streng zu ihr zu sprechen
Wenn sie keine Zeit hat

Es ist am besten
ein wenig loszulassen
und dich – Heimat
neu zu schaffen wie du bist

Ich entschuldige mich bei mir
dafür nicht zu wissen
wo ich mein Gesicht sehen kann
Endlose Tage
nach zeitloser Suche
Unbekannte Geheimnisse
Ich finde nur Richtungen
die von mir wegführen

Ich will vergessen
dass wir bleiben
wohin uns
perverse Zeiten führten
Wie verlorene Vögel
mit erneut sinkendem Hoffen
Im Gegensatz bekommen die Gedanken
neue Bedeutungen

Ich suche nach dem Gesicht
das genau meins ist
In welche Richtung ich auch schaue
ich sehe nur mich als Niemand
Ich bin zufrieden
irgendwo zu existieren
Es ist das Gesicht der Zeit
nicht meins

NICHT JEDE ENTFERNUNG IST WEIT

Öffne das Fenster des Himmels
um den Rand der Sehnsucht zu sehen
Jenseits des Unmöglichen
ist alles möglich

Viele Gedanken bin ich heute Nacht gewandert
Jemand hat die Entfernungen verletzt
Sie können nicht so weit weg sein
Ich kann hingehen denn in jeder gibt es Nähe

Ich öffne die Tür zur Möglichkeit
gerade wenn ich mich verirre
Ich gehe und werde das Ziel erreichen
Denn ich habe es bei mir

Träume wecken mich nicht
Die Straßen des Erwachens
sind nur für Menschen gebaut
die das Ziel erreichen wollen

Ich bin mutig
weil die Zustände nur tanzen
und in ihnen sich nur die Bösen verlieren

Nicht jede Entfernung ist weit weg

Nichts mehr erinnern
Was sollen Chronisten
die mehr wissen als wir
dazu schreiben?
Dass diese Sprache ohne Alphabet
das Vergessen erinnert?
Mein wundervolles Vergessen?

Tsunami im Geist
Wie kann ich dich vergessen
bevor es zu spät ist
Aufruhr in Poesieversen

In diesen Frühlingstagen
schon im März

Dein Name
Die Küsten der Seele steigen an
bauen einen Ausguck
Noch kann ich mir nicht trauen

Was mich innerlich beschleicht
greift sich nur mein Vergessen

Deine Phantasie
Jahrhundertealte Pandemie
die wenn sie dich erwischt
dich nicht loslässt

Mit sich selbst zu kämpfen
hat gerade erst begonnen

WIE MAN DIE LIEBE LIEST

Öffentlicher Brief an meine Freundin

Ich finde dich
in meinen Versen
Du dringst durch meine
vor Jahren geschriebenen Gedichte

Ohne nach dir zu suchen
finde ich erlebte Spuren
von dem was schön war
für dich und für mich

Ich brauche
weder Ehrentage
noch Daten von Ereignissen
um mich daran zu erinnern
wie sehr ich dich liebe

Für mich ist Leben
ohne jede Minute zu lieben
vom Anfang bis zum Ende
kein Leben

Wenn wir zusammen sind
wie viele Jahre auch immer
fügen wir dem Leben Sinn hinzu
das ohne dich sinnlos wäre

Meiner Sprache
wurden keine Wege bestimmt
Ich ließ die Worte kommen
wie das Herz fühlte

Deshalb nenne ich dich
wie immer ich dich nenne
Der Himmel ist mir egal
ich lebe mit dir

Ich bin dort
wo ich noch nie war

Vielleicht werde ich eines Tages gehen
um von dort wegzukommen

Du kannst nirgendwo hingehen
Was dort passiert passiert auch hier

Du kannst aus einem öden Traum erwachen
vom Gedanken erfüllt
du wärest das Epizentrum der Welt

Du bist auch von dort
Ich habe den Horizont erreicht
als sich Licht und Dunkelheit trafen

Die Sehnsucht entspringt dem Menschen
und das Ziel besitzt die Stille
in der du die Geduld verlieren wirst

Liebe entspringt aus sich selbst

Sie geht dorthin wo der Durst
mit Gelegenheiten gelöscht wird
und wir uns quälen und loben

Dort ist alles

Auch wenn ich nicht reise
erwartet mich das Haus
an seiner Tür

Ich war hier
als ich nicht hier war

Das Leben hat sich entfernt
als der Himmel aus dem Schlaf erwacht ist

Ich habe gesehen
dass ich von dort aus hier bin

Ich habe nur die Umgebung verlassen
Selbst dort bin ich hier

So weit weg war ich einmal

Du bist das Wesen des Scheins
das die ganze Zeit stagniert
Schlägst deine Zelte auf
wirst ein Bewohner dieser Welt
die geschrumpft ist
in der Pandemie

Diese Nacht
in der die ganze Welt schläft
bleibst du wach
Du hast eine Fahrkarte für morgen
und gehst jetzt über dich hinaus
wenn hier die Einsamkeit schläft

Diese Nacht ist
wie die Farben
der Blumen im Frühling
Nacht der großen Sehnsucht
deren jede Pflanze duftet
nach ihrem eigenen Geschmack

Mit dem Wort
Nachrichten versenden
Den Schläfer aufwecken
oder den Wachen
in den Schlaf versetzen
Jeder lebt in seiner eigenen Kapsel

Alle Strophen
bleiben wach
heute Nacht
bis alle Dinge
des Lebens
erwachen

Geist
ist bevölkert
mit vielfältigen Sehnsüchten
Für den Menschen als Wesen
Für das Leben im Allgemeinen

Geist
ist bewohnt nur
von den zahllos Guten
Für dich als Anteil an der Erinnerung
Für mich dass ich Gedanken trinke

Bis das Glas geleert ist
Ich trinke mit dir

Wenn die Wissenschaft schläft – lass sie

Die verlegte Vergangenheit
beleuchtet eine zukünftige Kerze
und entzündet Erinnerungen

So ist es im Haus vom Geist

AUF MEINEM RÜCKEN

Müde aber geduldig
trage auf meinem Rücken
die Jahre meines Lebens

Die ersten neunzehn Jahre
Nagte ich an meinen Fesseln
und ich weiß nicht wie ich sie löste

Manche Jahre des Daseins
könnte es heute nicht mehr geben
deshalb halte ich die Erinnerung im Herzen

Trotzdem ich gebeutelt bin
mit all der Last des Seins
will ich nicht aufgeben

Meine Beine
mit Ereignissen verbunden
gehen nicht zurück

Auf meinen Schultern
trage ich Freuden und Enttäuschungen
bis der Tod mich entlässt

I

Nur ich selbst begleite mich
Nehme den Platz
aller lieben Freunde ein

Ich glaube nur noch mir selbst
Die Leute denen ich mich nähere
beginnen mit einer Zahl
Einige mit Buchstaben
In ihren Mitteilungen
halten sie mich fern
Wie ich sie

II

Die Tage verbringen wir
ohne jeden Ausgang
mit Gedanken und ein paar Worten

Täglich besteige ich den Gipfel der Erinnerung
Nachts gehe ich hinunter zu mir selbst
Die Zeit sitzt dort
in ihrem eigenen Bett
Wie kann man sie wecken
wenn sogar sie
vor der Pandemie erschrickt

III

Das Leben auf dem Rahmen von morgen
Wenn Liebe sich nicht traut richtig zu lieben
ist diese Pandemie für uns

Eine schlampige Phantasie
aus Vergnügen mit Dilemmas ausgestattet
Fast ohne Vorkommen ausgelöscht
Was habe ich geträumt
um mich etwas mehr zu suchen
Ich bin es der die Zeit transzendiert
oder läuft die Zeit aus in mir?

MEINE NACHRICHT

Testament für Noid

An den Menschen
der seine Augen nicht öffnet
Zeit – glaube es nicht
auch wenn du
durch seine Zeit gehst

Bleibe direkt im Heute
das dir eine gute Zukunft
bieten wird
Das ist der richtige Weg
wenn du ihn einhalten kannst

Im Glauben es wäre der größte Boulevard
reduziert durch die Größe der Zeit
mit dem Ziel vor Augen
Gehe voran
Du wirst rechtzeitig ankommen

Man hinterlässt Spuren von Ankünften
die über das Leben hinausgehen
Die Wahrheit wird mehr und mehr wahr
Geh auch du dem Mut nach
Lerne das Leben zu verstehen

Mut erfordert Hingabe
Wie die Frühlingsblumen ein Leben in Würde
Es ist nicht nur eine Notwendigkeit
Es ist eine Verpflichtung
in dir die erkennen wird dass du gelebt hast

Es ist gut sich selbst zu lesen
bevor man die Ereignisse aufschreibt
die einen erwarten
um Tage und Nächte zu überwinden
wenn man durch das Leben reist

Bleibe direkt im Heute
um dir morgen
in die Augen zu sehen

Du ignorierst absichtlich mein Leben
in der Heimat die bergauf steigt

Meine Jahre in Freiheit

Wild umhüllt mich das Vergessen
Die Wahrheit entweicht

Ich werde zum Licht
das auf meiner Stirn ausgetauscht wird

In den Augen einer anderen Zeit
lebe ich in Vergessenheit

Früh schon war der Tag am deutlichsten
mit meinen Schritten

Die Klage sagte: Mit der Zeit übernehmen
die Hoffnungen gemischte Illusionen

Alle Gedanken die in mir wohnen
bewahrte ich sorgfältig an einem Ende der Zeit

Ich werde sie wieder lesen

Wenn das Vergessen vorüber ist
und das Leben in seinen Sinn zurückkehrt

EINES NACHTS

Sie wollte die Buchstaben herablassen
um meine Worte zu transzendieren
und ein Vers in Poesie zu werden

Sie ignorierte den Weg
die Unterhaltung zu einem Punkt zu führen
damit die Füße nicht über Geduld stolpern

–Nimm mich aus der Poesie
Ich fühle mich beengt– sagte sie
–hier zwischen Kommas–

Das Schreiben ist lebendig
lass mich hindurchgehen
um das Ende zu erreichen
das du am Ende bist

Dann steige ich auf
zum Feuer
wo ich für dich verbrenne

DER URSPRUNG DES MUTES

Ich weiß nicht
ob ihn jemand aus der Ferne mitgebracht hat
oder er hier irgendwo
schon lange in den Tiefen der Zeit war

Zu wissen wie lange
ist jetzt ein verzehrender Wunsch

Heute Abend bin ich mutig um zu reden
Ich will sagen: sich zu überwinden
auf die Beine zu kommen
und in die Zukunft zu gehen

Obwohl ich mich vor Entfernungen fürchte
Bin ich auf mich zugegangen

Ich habe mich überzeugt
es wagen zu können
mit dem Mut
keine Angst vor mir zu haben

Mut schluckte mein Schweigen
früh am Abend
und wie triumphierende Soldaten
marschierte mein Geist

Er gab mir ein wenig
Wunsch
Liebe
Hoffnung

Auch sie tat so und sagte die Worte:
–Warte auf mich bis ich komme–

Manchmal mag ich nicht sein der ich bin
möchte ein anderer sein
Jemand der es versteht
durch verschiedene Zeiten zu schwimmen
und das Leben besser zu leben
Es aussehen zu lassen
als wäre es halb Traum halb Realität
Meine Schatten in Erzählungen zu sehen
oder zumindest zu wissen
in welchen Erscheinungen sie zu finden sind

Doch zuletzt in dieser Zeit
ist es nicht wichtig wer du bist
sondern wie du aussiehst
Mehr und mehr scheint jeden Tag
die unsichtbare Wahrheit durch
Unwahrheiten tauchen auf
Selbst das Leben sieht aus wie im Film
Es kommt nur darauf an
welche Rolle du als ein fremder Bewohner
in diesem Schauspiel bekommen hast

Sagen und Tun ist nicht dasselbe
Doch weder was ich sagte noch was ich tat
wurde gesehen – nur das wie es aussah
Alles sieht anders aus als ich
Der Mensch denkt sein Aussehen
gäbe ihm die besten Rollen
Aber wenn er es nicht gut macht
bekommt sie jemand anderes
Einer der dich einfach besser spielt
Es ist wie ein Fluch

Durch Zufall wurde ich
die Figur dieser Geschichte
Erfüllte mir meinen Wunsch
und die Zeit offenbarte sich
durch die du kamst und gingst
Je größer meine Rolle wurde
umso mehr warst du in meinem Leben
Ich bin nicht sicher ein anderer gewesen zu sein
weshalb ich wieder zurückkomme
zu dem der ich gewesen war der ich bin

Wenn es Gefahr gibt
ist das Leben nur einen Euro wert
Es hat es in der Hand
wie tapfer und böse
wir mit dem Tod leben

In einer Pandemie sind wir verschlossen
in unserem eigenen Selbst
Wagen nicht, etwas zu berühren
im Sinne von nichts mehr
Das Leben erscheint uns wie der Tod

EIN MUTIGER GEDANKE

Hartnäckig und entschlossen
ist dieser Gedanke
Er wächst jeden Tag
und besetzt einen Platz in mir
Am Tag der Liebe die ich für dich habe
und in den Träumen für mich behielt
ist die Zeit zu der er hervorquillt
rauschend wie die Flut eines großen Stroms

Diese Art von Gedanken
fließt durch die Adern der Zeit
verspricht die Rückkehr zur Ereignisinsel
zwingt mich dir tapfer in die Augen zu sehen
um dir zu sagen
–Ich komme zu deiner Frühlingsdämmerung
um gemeinsam mit dir
in den Sommer hinauszugehen–

Dieses Jahr brauchen wir Mut
um so zu lieben

Ich sage die Vergangenheit voraus
wie die – ich wäre ein Regenbogen gewesen

Überall wo ich hingegangen war
schmückte ich mich mit der Farbe des Lebens

Womöglich hat mich der Tag
zu gierig für die Nacht gemacht

Aber ich zerbreche mir nicht den Kopf darüber
Ich denke einfach jeder würde mich lieben

Was wäre wenn ich in der Vergangenheit
einer gewesen wäre der mit mir geprahlt hätte

Vielleicht hätte man mich dann sogar verflucht

Aber nein
in meiner Vorahnung für die Zukunft
könnte ich mich in mir niemals
als Jemanden entdecken
den man hassen sondern nur als eine Person
die meist bewundert werden würde

Vorhersagen wie Vorurteile
sind wie sie sind
Ich bin der, der gesehen wird
Nicht vorhergesagt
Was willst du in manchen Zeiten tun?
Nimm dir frei

Irgendwo ein Ort
Kein großer Raum
der meinen Blick fängt – klein

Jenseits des Möglichen
wo die Unmöglichkeiten leben
wohnt die Vorhersage
über verschiedene Wohnungsplanungen
jede mit ihrer eigenen Vorhersage

Ich mit der Vorhersage
das Leben das mir einen Namen gab
gab mich zu dir

Diese Vorhersage wurzelt im Chaos
unfähig im Leben zu nisten
Bis zu deinem Horizont ist Liebe in dir
die in der Stille in mir spricht

Mit dem der über dich schreibt

Jeder wohnt dort wo Gelegenheiten sind
Ich und du in Vorhersagen
über eine Kette der Poesie für uns geschrieben

Tage verweilen in Sehnsüchten
Nächte in der Liebe
Wir ernähren uns von Träumen
die Durst mit Feenmilch löschen
und werden zu Mythen

Wenn wir schlafen
werden wir mit Hoffnung zugedeckt
um uns warm zu halten

Wenn wir aufwachen
wachen wir
mit dem Augenpaar des Tages auf
um unser kollektives Selbst

besser sehen zu können

Was wir lieben und was wir hassen
Das brauchen wir dafür
das Leben in Vorhersagen fortzusetzen

Der Mond erhellt das Dunkel
der Straßen auf denen wir gehen
um uns selbst mitzunehmen
Es ist in Ordnung in Erinnerungen zu halten
Die Ankünfte warten auf uns

In meiner Erwartung warte ich
auf eine Sehnsucht
bei der das Leben voran geht

Heute geschrieben
erlaube mir noch ein paar Worte:
Liebe Heimat Mensch
Ab heute haben wir
das neue Haus betreten – Poesie

Lebe hier mit mir
damit ich der Punkt sein kann
der am Ende des Satzes steht

Es scheint mir ich lebe nicht hier
sondern irgendwo im Nirgendwo
Vor einem Horizont mit Raum fürs Verderben
Ich bin überrascht warum so wenig ausreicht:
90 Minuten Freiheit am Tag

Die andere Zeit nur die Freiheit
vor dem Fernseher mit schwarzen Nachrichten
bis man überzeugt ist
sich dem Schicksal beugen zu müssen
dass man am Leben ist

Auch wenn deine Freiheit
In diesem 90-Minuten-Land
nach dessen Grundsätzen beschränkt wird
ist mir in diesen Tagen
als ob ich am Ende des Sinns der Tage lebe

Ich lese traurige Geschichten von Wundern
bitte um Geduld mich nicht zu beschweren
die Freiheit möge den Zeitplan ändern
sondern die einmal-am-Tag-Freiheit
als Medizin zu empfangen

Verloren in meiner Gefangenschaft
mit festgelegtem Zeitplan warte ich
den ganzen Tag auf diese 90 Minuten
In einem Land wo wir ständig Uhren stellen
um ein wenig Freiheit zu trinken

Der Zeitplan ändert sich alle drei Tage
Ich muss mit 90 Minuten auszukommen
Sei es auch nur in einen Laden zu gehen
das Nötigste einzukaufen
damit ich überhaupt weiterleben kann

AN DEN AUSGÄNGEN KLOPFEN

Ich weiß nicht
ob wir es sind
oder jene die zu den Körperkreuzen fielen
Ob sie kommen oder gehen
wenn wir nicht wir sind
Die Augen schauen
und spitzen die Ohren der Gedanken:
Wer ist die Person und wer ist die Geschichte

Jetzt klopft es am Ausgang der Eingänge
und wie üblich
gibt es ein Dilemma
Wir essen und wir trinken
die Vergangenheit des heutigen Tages
Zu diesem Thema werden wir
mit langen Stricken wachgerüttelt
um den Erzählfluss zu verbinden

Neu verstanden haben wir
wenn wir Ereignisse beichten
wie es war – wie es bei uns war
Die schwarze Nacht fiel auf einen Sonntag
Wir sahen nichts mehr
weder das Ereignis noch die Erzählung
Auch nicht wer uns gesehen hat
Alles nahm sein Verschwinden mit sich

Auch die Woche die wir hinter uns lassen
hat in die Vergangenheit gehört
Die Ereignisse sind gegangen
Wir haben nichts mehr von ihnen gehört
Waren sie und wir wirklich?
Niemand hat uns beobachtet
Wir waren irgendwo –
außerhalb von uns selbst

ALLES STAGNIERT

Ich fühle mich als käme ich zurück
aus fernen Ländern weiten Entfernungen
Vielleicht aus lyrischen Liedern
aus Mythen der Wirklichkeit alten Zeiten
Aber wohin gehe ich?

Dieser enge Ort bietet keine Vergangenheit
Jedes Mal wenn ich anzukommen begann
traf ich hier auf die Größe des Lebens
nahm das Wenige der Handlung nicht an

Manchmal überwältigt mich das Wesentliche
manchmal ist es nicht genug
Die Vororte reichen dann nicht für mich

In der Nachbarschaft der Erfahrungen
leben sie zusammen

Das Mögliche und das Unmögliche
Unser beider Zeit hat keine Erinnerungen
die gehen und vergessen werden
Alles erscheint als ob ich mit der Stille sprechen
oder mit Worten schweigen würde

Wenn die Nacht
über das Warten fällt
habe ich einen violetten Traum
der ein gutes Omen bezeichnet

Es verkündet:
Entsprechend dem Nord-Süd-Polen
ergibt dieses Jahr einen Sinn

Oder von den Ost-West orientierten Ankünften
bei denen meine Reise in diesem Text Poesie ist

Die Sichtbarkeit des Verstehens
wird geklärt und beginnt
in den Riten des Glaubens
Theorie zu praktizieren

Zu diesem Glauben gehöre ich
Aber ich musste mich
auf der Hälfte des Weges verlassen
um hierher zu gelangen

Aus dem Fenster des Lebens
schaut das Heute auf das Morgen
In einer gemeinsamen Sprache
haben Wünsche das Alphabet der Liebe

Aus der Ausgangstür
fließt das Unausgesprochene
und es kommen Menschen
die keine Vorschau mögen

Wo der Hölle Zeit lebt
sind die Lücken vollständig gefüllt
Ich bin der Weg
du bist das Kommen

Nähere dich dem Hof
dessen Bewohner das Leben begrüßen

Der Himmel benetzt
die Wimpern des Frühlings

Wer das Innere ignoriert
ist selbst im Äußeren geblieben

Aus den Poren meiner Haut
Habe ich fanatische Geschichten erlebt

Sie haben lange in mir gelebt
Jetzt nicht mehr

Das Ziel ist längst aus dem Schlaf
der eigenen Träume erwacht

Die Vernunft
ist längst verloren

Die Zeit bestimmt
die Regeln des Spiels

Oh du
der du uns folgst

Wenn du deinen eigenen Weg willst
gehe in die andere Richtung

Als ich jung war dachte ich kurz
über die langen Dinge nach
die das Leben ausmachen
Fragte mich wie ich
die gegenüberliegenden Seiten
des Horizonts erreichen könnte
um einen Platz zu bauen
wo ich losgelöst von der Welt frei leben kann

Überraschend für kurze Dinge ist
dass ich lange nachdachte
als wüsste ich nicht wo die Zeit war
An welchem Ende der Einrichtung
die Wahrheit lebt die mit anderen konkurriert
wenn sie als relative auftritt
Im Durchschnitt der Zeit
erstreckt sich die Unwahrheit unendlich

Mein Heute bleibt ruhig
Über die Vergangenheit
können wir sprechen
um die Einwände näher zu bringen
Sag nichts zum Morgen
Sag nicht dass du ihm glaubst
für den Fall dass er dich täuschen will
Auch der Zeit selbst sag nichts

Sie hofft auf den Menschen
kehrt zu ihm zurück
Du verlierst mich nicht
wenn du nicht willst – Liebste
Gehe in die Wirklichkeit
oder wenn du lieber möchtest in die Illusion
Sag nicht das Leben sei nur ein Traum
vor den Horizonten begrenzter Möglichkeiten

Direkt von hier aus
berichtet die Zukunft über Ereignisse
die darauf warten zu geschehen
Die Wahrheit erstreckt sich
unendlich in der Zeit
Du – meine Zeit –
sag niemandem
dass das Leben ein Trick ist